LA REVANCHE DE LA FRANCE

PAR

L'ORGANISATION

DU

TRAVAIL ET DES INTÉRÊTS

EXPLICATIONS

A SES CLIENTS ET AMIS

PAR

J.-P. MAZAROZ

24 Février 1878

PARIS

IMPRIMERIE CENTRALE DES CHEMINS DE FER

A. CHAIX ET Cⁱᵉ

RUE BERGÈRE, 20, PRÈS LE BOULEVARD MONTMARTRE

LA REVANCHE DE LA FRANCE

PAR

L'ORGANISATION

DU

TRAVAIL ET DES INTÉRÊTS

EXPLICATIONS

A SES CLIENTS ET AMIS

PAR

J.-P. MAZAROZ

24 Février 1876

PARIS

IMPRIMERIE CENTRALE DES CHEMINS DE FER

A. CHAIX ET Cie

RUE BERGÈRE, 20, PRÈS DU BOULEVARD MONTMARTRE

AU LECTEUR

Les Comités électoraux radicaux actuels ne veulent accepter aucune espèce d'organisation corporative en faveur des ouvriers laborieux : cela se conçoit, car lorsque le travail sera organisé, le radicalisme, c'est-à-dire le parti de la révolution, n'aura plus de raison d'être.

Les Comités électoraux ont donc fait une opposition passionnée contre ma candidature ; toutes les calomnies ont été employées par eux.

La continuation de cette opposition malveillante, m'oblige à parler de moi et à raconter dans cette brochure ma vie industrielle.

Voici une lettre **rectificative** que j'ai adressée au **Rappel** la veille du scrutin ; mais ce journal a refusé l'insertion.

Cette lettre démontre par des faits l'esprit d'intolérance qui anime les Comités électoraux :

A M. le Rédacteur du journal le Rappel.

MONSIEUR,

En réponse à la lettre du Président de la réunion électorale de la rue Gambey, je viens déclarer que les membres du bureau de la plupart des réunions électorales, sont les membres du Comité du candidat que ces Comités veulent faire passer; il s'ensuit que ces citoyens sont juges et parties dans la même cause.

Les faits énoncés dans la lettre de M. Mathé sont tout aussi inexacts que le procès-verbal qui vous a déclaré que je m'étais désisté de ma candidature.

Je maintiens que les véritables ouvriers présents à la réunion ont approuvé les principes de l'organisation du travail, que je leur ai développés; mais c'est vers la fin de la séance que les coteries du Comité électoral que j'apercevais très-bien échelonnées dans la salle se sont mises à faire le concert charivarique, qu'elles accomplissent partout contre les candidats qu'il est convenu d'avance de repousser.

Je me suis même plaint à M. Mathé du scandale monté contre moi.

Quant au document lu par le citoyen Frichon, secrétaire, j'ai démontré à la réunion que ce document n'émanait pas plus de moi, que des autres citoyens dont les noms sont au bas.

Du reste j'ai été averti en entrant, par un membre du Comité électoral, du scandale que le bureau de la réunion me préparait; cet obligeant citoyen m'a dit en m'aidant à monter sur l'estrade : *Va, mon bonhomme, on va t'en fourrer du plébiscite !*

En somme, on ne connaît même pas les noms de la plupart des membres des Comités électoraux actuels; ce sont des conseils occultes, qui ne donnent par conséquent aucune garantie aux citoyens; voilà pourquoi je propose dans mon organisation du travail, que les Comités électoraux soient composés des syndics des chambres syndicales ouvrières et patronales. De cette façon on aura quelqu'un devant soi.

Veuillez agréer, etc.

Paris, le 19 février 1876.

Signé : **J.-P. MAZAROZ.**

PRÉFACE

Le Travail et la Politique.

Radicalisme veut dire **révolution** sans trêve ni merci,

Tandis qu'**organisation du travail** veut dire **conciliation** de tous les intérêts sociaux en lutte.

Radicalisme signifie donc guerre et misère,

Quand, organisation du travail et des intérêts signifie paix et bien-être général.

Certains hommes politiques savent bien que **l'organisation des intérêts** du pays amènerait la paix et la concorde entre les classes de la société; voilà pourquoi ils n'en veulent pas, voilà pourquoi aussi les Comités radicaux ont été si opposés à ma candidature.

L'assurance du lendemain, que le travail organisé donnera de suite à l'ouvrier, l'arrachera pour toujours à la révolution; aussi, de tout temps, les politiciens ont cherché à détruire ou à discréditer les principes corporatifs et organisateurs.

J'ai prouvé qu'en 1791 l'anéantissement des corporations avait été accompli pour diviser les populations et mettre leurs intérêts en lutte, sous prétexte de liberté.

En 1848, certains hommes politiques ont fait avorter, en la ridiculisant, la première tentative sérieuse du rétablissement des corporations.

Les hommes de 48, en effet, ont employé inintelligemment les moyens révolutionnaires, pour rétablir une chose essentiellement conservatrice comme l'organisation du travail et des intérêts.

Ils ont mis le feu avec l'eau, aucun bon résultat ne pouvait donc en être sérieusement attendu.

Il est certain qu'en 1848, tout faisait espérer une excellente réorganisation du travail; mais les politiciens sont encore venus rendre sa réalisation impossible, par l'exagération de la forme et du fond des revendications populaires, qu'ils se sont hâtés de produire au nom des ouvriers.

Un excellent journal intitulé **le Travail**, rédigé avant 1848 par des hommes intelligents tels que : 'Agricol Perdiguier, Corbon, etc., avait posé d'excellents principes d'organisation du travail et du commerce; mais les hommes politiques sont arrivés, et leurs mains qui n'avaient jamais travaillé se sont emparées des questions ouvrières, si bien que la cause du travail a été compromise pour un temps relativement long.

Je suis loin de nier la bonne volonté des membres du gouvernement provisoire de 1848, mais il est certain que, si ce gouvernement avait été composé de travailleurs, de négociants et d'industriels, il n'aurait pas posé au Luxembourg cet épouvantable principe qui a consisté à déclarer **que les salaires de tous les travailleurs devaient être égaux.**

Ce principe morbifique a effrayé tout le monde; il a, en outre, découragé les ouvriers adroits; il n'a été acclamé que par des travailleurs déclassés et sans profession sérieuse, enfin, **par des ouvriers qui ne travaillent généralement pas.**

Ce genre d'ouvriers, se voyant les égaux des travailleurs adroits et laborieux, ont battu des mains, lorsqu'il leur a été dit qu'eux, qui ne savaient rien, allaient gagner autant que les producteurs de premier choix.

Les principes faux ne peuvent pas durer longtemps, voilà pourquoi ceux-ci sont tombés de suite, mais en compromettant gravement la cause de l'organisation du travail, que l'on a commencé par accuser d'utopie à partir de ce moment-là.

En somme, **l'égalité des salaires** fut la première carte biseautée qui a été introduite dans le jeu des adversaires du travail en 1848.

Passons à la deuxième.

Proudhon avait un excellent fond ; il aimait sincèrement le travail et les travailleurs, mais c'était un théoricien et non un praticien ; en un mot, ce n'était pas un travailleur, c'est-à-dire un arbre à fruits.

Je pose en principe absolu, que tout homme qui n'est pas travailleur, c'est-à-dire celui qui n'a pas pratiqué pendant de longues années l'industrie, le travail ou le commerce, ne peut faire que des à peu près en économie sociale.

Voyons, pour preuve, **la Nature**.

Dans la nature, la parole est toujours aux praticiens, les théoriciens n'existent pas.

Aussi Proudhon n'a fait que tomber d'erreur en erreur.

Comme tous les gens de grand mérite, il s'écoutait parler ; mais comme l'expérience n'était pas là pour guider ses aspirations, il a fait fausse route; **la folle du logis,** comme dit Montaigne, lui a fait soutenir les propositions les plus déplacées.

Il a commencé par vouloir prouver que la **propriété était le vol.**

Ceux qui pensent que la propriété est le vol, n'ont qu'à aller dans certaines parties de l'Amérique, où il leur sera donné d'immenses parties de terres pour rien ou presque rien ; mais il faudra les défricher et subir les gaz pestilentiels qui s'échappent des terres vierges, ces gaz font mourir des générations entières d'hommes; il faut en outre défendre les demeures contre les populations nomades et sauvages ; puis, au bout d'un grand nombre d'années ces terres constituent de véritables propriétés pour les descendants de ceux qui se sont sacrifiés pour les créer.

Comme on le voit, aussi bien pour les propriétés foncières que pour toutes les autres, **la propriété c'est le travail** et non le vol.

Proudhon disait encore que Dieu était un mot, il paraît probable qu'à l'exemple de beaucoup d'autres hommes politiques, Proudhon a voulu attirer sur lui l'attention par de grosses originalités.

En effet, **Dieu, c'est la nature,** et comme la

nature est notre mère à tous ainsi que notre éternel modèle, il est impossible de la critiquer avec justice.

Proudhon, qui ne connaissait pas le premier mot de l'organisation sociale qu'il entreprenait, a encore dit une énormité lorsqu'il a affirmé que **la famille** était un nom.

La famille, en effet, est la base de toutes les sociétés ; pour bien démontrer l'importance de la famille, j'ai comparé ailleurs la société à un train de chemin de fer dont les deux rails sont :

1° La famille consanguine ;

2° La famille professionnelle.

Il s'ensuit que, depuis l'anéantissement de la famille professionnelle par les constituants de 1791, le train social n'a qu'un côté de ses roues qui glisse sur un rail, tandis que l'autre côté roule dans le sable, les graviers, la terre ou les rochers dont la route de la vie est composée.

J'ai voulu représenter par là l'image des révolutions, des procès et des luttes de toute nature, que les hommes se livrent entre eux depuis que le rail du travail organisé n'est plus là pour assurer la marche de la société française.

Proudhon a eu également le tort de vouloir établir des sociétés de crédit au milieu de la mauvaise situation des affaires en 1848.

C'est en bonne saison qu'il faut planter les bonnes idées.

Proudhon n'ayant pas fait cela, a retardé de beaucoup l'émancipation des travailleurs, qu'il désirait pourtant très-siucèrement.

La troisième carte biseautée fabriquée contre l'affranchissement des ouvriers en 1848, a été **le droit au travail** ; ce principe est absolument vrai, et en même temps absolument faux.

La nature, en effet, a établi **le droit au travail**, et le sage Lafontaine a dit à ce sujet aux hommes : **Travaillez, prenez de la peine, c'est le fond qui manque le moins.**

Je prends la liberté d'ajouter, en parlant aux travailleurs :

Organisez-vous, réunissez-vous par spécialité, garantissez-vous le lendemain par les cotisations, obligez les apprentissages, et que vos groupes fassent à ce sujet les avances nécessaires aux parents qui n'ont pas les moyens de faire instruire leurs enfants.

Par tous ces moyens et encore par beaucoup d'autres, que donne à pleines mains la corporation, vous aurez **le droit au travail pour tous,** car Lafontaine vous l'a dit, **le fonds de la Nature est inépuisable.**

Mais venir proposer à une assemblée qu'une

partie de la nation garantisse solennellement à l'autre **le droit au travail,** c'est venir lui dire de décréter la guerre civile en permanence.

Ledru-Rollin a pourtant proposé cette formidable utopie à l'Assemblée constituante de 1848, à l'aide de beaux et éloquents discours, comme il savait les faire.

On le voit, les théoriciens et certains hommes politiques ont toujours compromis les causes qu'ils ont prises en main.

Le droit au travail a été le dernier pavé de l'ours, qui a été jeté sur la tête du projet d'organisation du travail de 1848, et pourtant, jamais à aucune époque, la corporation n'a eu de plus sérieuses chances d'être rétablie au profit de tout le monde.

Les travailleurs de Paris avaient bien compris cela, car dès le mois de février 1848 ils sont venus déclarer au Gouvernement provisoire, qui leur promettait l'organisation du Travail :

Nous avons trois mois de misères au service de la République (1).

---

(1) *Extrait du tome Ier, chapitre XVII. Histoire de la Révolution de 1848, par Daniel Stern. Edition Charpentier.*

Le 26 février 1848, le peuple se réunissait en masse à

NOTE DE L'AUTEUR.

De tout ce qui précède et ce qui va suivre il ne découle nullement que je prêche l'indifférence en matière politique, non, car le droit de tout citoyen est de s'occuper de la forme du gouver-

---

l'Hôtel de Ville pour réclamer au gouvernement provisoire l'Organisation du Travail.

Lamartine paraît au balcon, et un délégué d'ouvriers, mécanicien, le nommé **Marthe,** réclame au nom de tous l'Organisation du Travail.

Lamartine dit qu'il va étudier le projet, mais qu'il ne peut signer un décret présenté *sans le comprendre* *, et qu'il préfère la mort plutôt que d'agir autrement.

Eh bien, devant cette attitude résolue de Lamartine, s'écria Marthe, nous consentons à avoir trois mois de misère au service de la république.

La foule se retira ; mais pendant l'allocution de Lamartine, les membres du gouvernement élaboraient un décret sur le Droit au Travail, qui eût été proclamé, si Lamartine n'eût pas calmé l'irritation populaire.

Les trois mois se sont écoulés et la question d'Organisation et du Droit au Travail en est restée là et n'a pas fait un pas.

*** Lamartine était un poëte et un homme politique, aussi et comme on le voit, il a déclaré avec vérité, qu'il ne comprenait pas un mot à l'organisation du travail.**

nement ; mais il ne faut pas que **la forme emporte le fond,** comme cela se pratique depuis si longtemps.

En un mot, il est bon de penser à la tête, mais il faut aussi songer au ventre et se souvenir du proverbe corporatif :

Ventre affamé n'a pas d'oreilles.

Quand on a le ventre creux et que l'on est mal vêtu, il est superflu de penser au gouvernement, car tous les gouvernements possibles demandent de l'argent aux populations et aucun ne leur en donne.

Donc, la forme du gouvernement n'a jamais donné à manger à personne ; l'organisation du travail peut seule amener ce résultat en faveur des ouvriers malades ou en chômage.

Le seul moyen d'apaisement social.

Explications adressées à ses clients et amis, par J.-P. Mazaroz, au sujet de sa candidature.

I

Messieurs et Amis,

Les études de ma vie entière m'ont donné le droit de prendre le titre de **Candidat de l'organisation du travail;** car, depuis 1848, je demande dans tous mes ouvrages le travail organisé, comme étant le salut de notre patrie.

En me présentant aux Électeurs du travail, j'ai eu le désir d'obtenir un grand nombre de voix, afin d'avoir une autorité suffisante pour demander le rétablissement légal des anciennes corporations, moins les abus, et avec la liberté et le suffrage universel.

Je sais très-bien que beaucoup de mes ouvriers n'ont pas voté pour moi.

Cela devait être ainsi.

Car l'état social moderne a fait des ennemis acharnés du patron et de l'ouvrier, c'est-à-dire de ceux dont les intérêts sont solidaires, et qui, par conséquent, doivent être amis intimes.

Le système individuel a divisé et isolé les hommes; il les a renfermés chacun dans leur intérêt privé. Il n'est donc pas étonnant que, sous ce régime délétère, le peuple acclame ceux qui s'adressent à ses passions et qu'il repousse ceux qui lui parlent raison.

Mais tout cela, loin de m'arrêter, sera un stimulant pour moi.

Parce que j'ai la conviction profonde que l'organisation du travail et des intérêts avec la coopération libre, doivent sauver la société française.

Aussi je ferai tout mon possible pour l'établir dans nos usines au profit des travailleurs laborieux, ainsi qu'à celui des intéressés à ma maison.

*
* *

Les **anciennes corporations** sont donc, pour

moi, un chef-d'œuvre d'organisation du travail, digne de l'étude de tous les hommes de bien ; leur rétablissement dans les conditions ci-dessus désignées, affranchiront de la misère tous les travailleurs laborieux; par ce rétablissement, l'ère des révolutions et des discordes sociales sera à tout jamais fermée.

Il faut absolument et sous peine de mort sociale, rendre l'ouvrier conservateur.

Désirant ne pas finir ma carrière avant que le monde connaisse les principes sociaux à l'aide desquels les villes de France ont progressé de toutes les manières pendant cinq à six siècles, j'ai pensé **à la Tribune Nationale** et je me suis présenté à la députation dans les trois arrondissements les plus industrieux de Paris, c'est-à-dire dans les XI\ :sup:, XIX\ :sup: et XX\ :sup: arrondissements.

Je me suis dit : Si les trois arrondissements les plus populeux votent pour l'organisation du travail, que je présente, l'émancipation des ouvriers par le travail sera faite, car devant cette imposante manifestation, l'Assemblée Nationale ne pourra pas refuser d'en proclamer la légalité des principes.

2

Depuis ma jeunesse, je travaille en moyenne de dix à quinze heures par jour; je continuerai toujours ainsi jusqu'à ce que mes forces me trahissent; ma nombreuse famille et mon activité m'en font du reste une obligation.

Aussi j'espère que mes chers et bien-aimés clients et amis ne me feront pas un crime d'avoir désiré prendre pendant quelques mois, et à titre de vacances, la moitié du temps que je dois à ma maison industrielle, pour aller exposer à la Tribune nationale les principes de la paix sociale.

D'autant mieux que, grâce à un personnel nombreux, intelligent et dévoué, les divers services de ma maison n'auraient rien eu à en souffrir.

Voici ce que je dirai à l'Assemblée quand je serai nommé :

Pendant des siècles, grâce au lendemain qui leur était assuré par l'organisation du travail établie dans les corporations, les ouvriers des villes de France n'ont jamais aidé à faire les révolutions.

Depuis la destruction des corporations, au contraire, les émeutes, les révolutions et les invasions ruinent périodiquement la France, parce que l'ouvrier, isolé et sans lendemain, est livré 'au désespoir par les chômages et la misère. C'est pourquoi il écoute certains hommes politiques, qui l'engagent à la révolution.

L'ouvrier se dit : **Quoi qu'il arrive, je ne puis être plus malheureux que je ne le suis.**

Voilà la situation qu'il faut faire cesser au plus tôt, si nous voulons sauver notre pays d'une ruine certaine.

En résumé, vous tous qui êtes Conservateurs, je crois que vous ferez preuve d'intelligence en rendant tous les ouvriers aussi Conservateurs que vous-mêmes ; mais pour arriver sûrement à ce résultat, il n'y a qu'un moyen, c'est celui de donner aux travailleurs **quelque chose à conserver, par l'organisation du travail et des intérêts.**

Vouloir que l'ouvrier soit conservateur, quand il n'a rien à conserver, représente une naïveté de premier ordre, quand ce n'est pas le résultat d'un imprudent égoïsme.

J.-P MAZAROZ.

OBSERVATION

Les chambres syndicales actuelles sont divisées ; les unes sont exclusivement patronales, les autres exclusivement ouvrières.

Les chambres syndicales de patrons et d'ouvriers n'ont donc pas de rapports les unes avec les autres.

Elles représentent l'isolement individuel, augmenté de la puissance collective.

Il faut que, dans les chambres syndicales, le capital et le travail, c'est-à-dire le patron et l'ouvrier, soient assis, en nombre égal, autour des mêmes tables.

Comment, en effet, est-il possible de faire entendre, de concilier, enfin de rendre amis, les deux éléments principaux de la société, tant qu'ils seront séparés et rendus antagonistes, comme à dessein ?

II

LES OUVRIERS QUI TRAVAILLENT ET CEUX QUI NE TRAVAILLENT PAS.

Les Travailleurs.

Je pense bien connaître les ouvriers. D'abord je l'ai été moi-même pendant de longues années; puis, dans le cours de ma carrière industrielle et commerciale, il en est bien passé au moins douze à quinze mille qui ont travaillé tour à tour sous mes ordres.

Aussi ceux qui m'ont fait l'honneur de lire mes ouvrages économiques, ont remarqué que j'exprime à chaque occasion, la confiance absolue que j'ai dans les ouvriers laborieux de notre époque, que je crois très-sincèrement mûrs pour l'émancipation, par le travail organisé.

L'ouvrier français est généralement vif, intelligent, laborieux et facile à gouverner ; il est habile à travailler et trouve rapidement les moyens d'adapter son outillage aux diverses spécialités de travail dont ses patrons le chargent.

C'est-à-dire que la Société française a entre les mains les meilleurs éléments qui existent au monde, pour organiser la production nationale et doubler en peu de temps toutes les richesses publiques et privées de la France et des Français.

Les conservateurs semblent être frappés d'inertie.

Depuis la destruction des **anciennes corporations,** personne ne s'occupe plus d'organiser les intérêts, tout est laissé à la liberté individuelle, c'est-à-dire à l'égoïsme, qui est presque toujours aveugle.

Il s'ensuit que **l'intérêt privé du moment** tarit presque toutes les sources de la production nationale, en l'absence des collectivités professionnelles qui sont les seuls centres spéciaux qui puissent s'occuper avec autorité de l'avenir du travail français au nom de **l'intérêt général du pays.**

Eh bien, au milieu de ce danger toujours croissant, il se trouve d'excellents conserva-

teurs pour blâmer le très-petit nombre de citoyens qui cherchent à arrêter le torrent dévastateur du radicalisme qui menace d'anéantir, par la révolution, les positions sociales de ces mêmes conservateurs.

Il est impossible de mieux faire le jeu des adversaires.

Léon de Laborde nous a pourtant avertis, dans son remarquable rapport sur l'exposition universelle de Londres en 1851, que **la révolution** se formait en France d'une façon permanente depuis 1791, dans le vide laissé au milieu de la société française par la disparition des institutions syndicales et corporatives.

Nous allons voir combien cette assertion et vraie et combien a été fatale à notre pays l'imprévoyance des hommes qui ont détourné la grande révolution de son véritable but, en détruisant le fonctionnement des collectivités professionnelles.

Les Ouvriers qui ne travaillent pas.

L'obligation et la gratuité des apprentissages est la base obligée des familles du travail, c'en est, en quelque sorte, *le mariage;* sans cette obligation, la famille industrielle ne peut pas se recruter, elle ne peut pas créer journellement les éléments de richesse qui lui permettent de garantir le lendemain de tous ses membres par la cotisation ; enfin, sans cette obligation, chaque année lui apporterait un grand nombre d'ouvriers sans profession, qui seraient une charge écrasante pour elle, si elle voulait s'en occuper au lieu de faire comme la société moderne, c'est-à-dire de laisser dévorer sans aucun secours, les populations intelligentes et laborieuses de la France par toutes les variétés du chômage et de l'affreuse misère, sous prétexte de liberté individuelle.

Exemple.

Une grande catastrophe vient d'avoir lieu à Saint-Étienne, 200 ouvriers sont morts victimes d'un terrible accident.

Voilà donc environ 180 veuves, et trois ou quatre cents enfants, voués fatalement à la pauvreté et à toutes les privations.

Mais la charité publique ! me répondra-t-on.

Chacun sait que la charité publique, organisée par le règne de l'individualisme, dépense beaucoup plus en frais d'administration et autres, que le montant des sommes distribuées à ceux qui souffrent.

C'est-à-dire que l'on peut déclarer hardiment, que l'assistance publique est une amère déception pour les malheureux.

La charité et l'assistance publique, après les plus grands efforts, apporteront donc environ 50 ou 100 francs à chaque héritier des malheureuses victimes de l'accident de Saint-Étienne, puis tout sera dit ! !

Je sais qu'il existe à Saint-Etienne des sociétés pour assurer 75 centimes ou 1 franc de rente par jour aux veuves des victimes d'accidents.

Tandis que, si les familles professionnelles existaient, leurs caisses de prévoyance serviraient une pension suffisante aux veuves ; puis les anciens syndics retirés des affaires, aidés de leurs dames, chercheraient des occupations à ces malheureuses, puis les enfants seraient élevés, on leur ferait apprendre à chacun un métier de leur choix ; les caisses de la famille feraient toutes les avances, qui seraient inscrites sur les livrets de chacun de ces orphelins devenus ouvriers, puis, chaque année, il serait retenu par leurs patrons une somme relativement modique sur leurs salaires, pour rembourser les avances des caisses de la famille ouvrière.

De cette façon l'éducation de ces infortunés ne coûterait rien à personne ; à vingt-cinq ans ils seraient libérés et ils pourraient alors se présenter fièrement pour demander une jeune fille en mariage, en disant avec vérité :

C'est moi qui ai fait ma position et qui me suis affranchi des besoins de la vie par mon travail.

Quoi de plus beau et de plus noble ?

Eh bien ! le croirait-on, soit misère, soit ignorance, soit indifférence, il y a aujourd'hui plus d'un tiers des enfants sans fortune, auxquels on ne fait pas apprendre de métier sérieux à Paris ?

Cette masse de population produit des soldats, des domestiques, des hommes de peine, des employés inférieurs, etc. ; puis le reste forme cette légion de déclassés dans laquelle se recrute l'armée des révolutions, la plupart des criminels et des suicidés, les chiffonniers et les balayeurs, puis cette myriade de pauvres honteux ou autres, assistés bien maigrement par les bureaux de bienfaisance et la charité publique.

En bonne conscience, en quoi la société moderne, qui fabrique pour ainsi dire cette quantité de malheureux et de déclassés, a-t-elle le droit de se plaindre de ce que cette masse populaire exècre ceux qui possèdent ?

J'ai toujours été étonné d'entendre l'égoïsme humain, par la bouche des soi-disant heureux de la terre, se plaindre de ce que le peuple n'est pas raisonnable, qu'il ne sait pas se contenter de ce qu'il a, qu'il fait des révolutions qui arrêtent les affaires et le privent de travail, etc., etc.

Voici pourquoi ce raisonnement est tenu assez généralement.

Sous le règne de l'isolement général créé par l'individualisme, personne ne connaît, ou du moins on ne connaît que très-superficiellement la situation sociale des classes de la société auxquelles on n'appartient pas.

La plupart des membres des classes aisées ne savent pas qu'il y a deux sortes d'ouvriers, et mélangent imprudemment dans leur esprit les **ouvriers qui travaillent** avec ceux qui ne **travaillent pas.**

Cette ignorance est funeste, car elle empêche une quantité innombrable de gens riches, très-bien disposés, de s'occuper à modifier, par l'organisation du travail, les éléments désorganisateurs de la société moderne.

. Ce sont ces déclassés qui préparent les révolutions, en écartant par tous les moyens, même et surtout par la calomnie, les candidatures ouvrières et industrielles qui apporteraient à la Tribune nationale les éléments de la conciliation entre les classes de la société, par l'organisation solidaire de tous les intérêts

Les déclassés ne veulent pas de conciliation, ils repoussent l'extinction de la misère par le travail organisé.

Comme on le voit, Léon de Laborde avait bien raison de dire que les révolutions politiques et sociales se forment, grandissent et prennent tous les jours un corps plus menaçant, dans l'immense vide formé entre les classes de la société française, par la destruction de l'organisation du travail et de ses intérêts, que contenaient les anciennes corporations de la Nationalité Française.

En résumé, les ouvriers qui connaissent des professions sérieuses et qui travaillent, représentent pour moi une classe intéressante de la Société, qui est bonne, que j'aime, de laquelle je suis sorti, ce dont je suis fier.

Cette classe productive, qui me représente la nature dans laquelle tous les individus produisent et où aucun d'eux n'est inutile, me paraît être la classe sociale sur laquelle on doit reconstruire la Société moderne qui s'écroule de toutes parts.

Puis, les déclassés, c'est-à-dire les citoyens sans profession, me représentent le danger constant, qui menace à chaque période, de détruire notre harmonie sociale.

Cette classe sociale improductive doit être rendue au plus tôt productive par le travail organisé, à moins que la société, si elle est la plus forte, ne prenne le moyen affreux et barbare d'en exporter périodiquement le trop-plein.

Ce service nous est, du reste, bien tristement rendu dans chacune de nos révolutions, qui mitraillent, fusillent et transportent les malheureux égarés de cette partie de la population que l'imprévoyance de la société moderne a créée en quelque sorte à l'état d'ennemis.

A MES CLIENTS ET AMIS

III

Les ennuis et les devoirs d'un travailleur qui a réussi.

A force de travail et de conduite, j'ai réussi à fonder une grande industrie.

Les uns attribuent le succès de ma maison à la chance, d'autres à mon travail et à mes connaissances spéciales acquises dans les écoles.

Quoi qu'il en soit, je possède, malgré mes succès, un grand nombre d'excellents amis.

Mais il est certain que des envieux ont attaqué violemment ma candidature.

Je suis persuadé que l'envie, qui suit toujours le succès, sera réduite des neuf dixièmes le jour où **l'organisation du travail et des intérêts** aura apporté l'équité dans les relations des hommes.

Les envieux des comités électoraux disent que je suis un réactionnaire.

Ceux que j'ai dans ma profession disent à qui veut l'entendre, que je suis un socialiste.

Ces deux assertions sont aussi erronées l'une que l'autre.

Quelques personnes me disent :

« Vous avez tort de faire du socialisme, car » ce mot fait peur. »

Je réponds :

Oui, il fait peur, et l'on a raison de craindre le socialisme, quand il devient, comme en 1848, une arme politique pour bouleverser la société et produire la Révolution.

Mon socialisme à moi ne s'occupe pas de politique, il a pour but de concilier tous les intérêts de la société par le travail organisé.

Ce socialisme-là **est essentiellement conservateur,** parce qu'il représente l'élément de la prospérité générale.

Les hommes d'expérience savent bien, que tout dans la pratique forme une arme à deux tranchants.

L'un de ces tranchants représente le bien, tandis que l'autre produit le mal.

C'est donc le socialisme pris dans son sens honnête, dont je m'occupe depuis trente ans;

mais je repousse et j'ai toujours repoussé comme une bête venimeuse le socialisme politique.

Le socialisme politique c'est le radicalisme.

Radicalisme signifie : **je ne veux rien écouter ni entendre** ; c'est-à-dire, quand je serai le maître, je veux doter radicalement mon parti (1) de toutes les conséquences que je voudrai bien lui attribuer.

Comme on le voit, le radicalisme veut avant tout, **organiser le despotisme.**

Le radicalisme entraîne donc forcément l'honnête ouvrier qui l'adopte, sans en bien comprendre les conséquences, dans les luttes politiques qui produisent les révolutions, causes perpétuelles des chômages et de la misère des travailleurs de tous les degrés de l'échelle sociale.

Le bon socialisme est celui qui était pratiqué dans les anciennes corporations. Il retient l'ouvrier dans les luttes pacifiques du travail, il lui assure le bien-être par la coopération, qui est, je l'affirme, aussi bien dans l'intérêt du capital, que dans celui du travail.

Le bon socialisme garantit encore le lendemain de tous les travailleurs laborieux, contre les

_____

(1) **Mon parti,** signifie les chefs du parti, car le peuple n'a jamais rien obtenu dans les cas semblables, si ce n'est une augmentation de misères.

maladies et le chômage, c'est-à-dire contre l'affreuse misère.

La garantie mutuelle du lendemain des travailleurs, assurera celui de tous les autres intérêts de la société, car les travailleurs seront intéressés, par ce moyen, au maintien de l'ordre social.

Tandis que les économistes modernes, en ôtant à l'ouvrier les bienfaits de la corporation, l'ont isolé de tous les intérêts sociaux; ils en ont donc fait, en quelque sorte, un étranger, une espèce de paria de la société, c'est-à-dire un ennemi.

Comment on peut être poussé à étudier les questions du travail.

Pendant une dizaine d'années j'ai été élève aux écoles des beaux-arts, en même temps que dessinateur industriel et ouvrier sculpteur sur bois et sur pierre.

Mes anciens camarades et patrons savent que j'étais l'un des ouvriers adroits et laborieux de ma profession; c'est dire que je gagnais largement ma vie et que je ne manquais d'aucune des choses dont j'avais besoin.

Et pourtant, je n'étais pas heureux, car un souci sérieux troublait mon bonheur relatif, à chacun des instants de ma vie.

Je suis plein de santé, me disais-je, mais si je venais à tomber malade pendant quelques mois, si un accident m'arrivait, je n'aurais que la misère en perspective! parce qu'en résumé aucune institution n'existe pour assurer le lendemain des travailleurs laborieux contre les mauvaises chances de la vie de tous les jours.

Étant dessinateur chez l'un des plus savants antiquaires de cette époque, je me disais souvent, en regardant ma main droite : **Si pourtant par un accident quelconque, je perdais l'usage de cette main, l'affreuse misère deviendrait bientôt mon partage**

La crainte du lendemain ne m'a jamais quitté depuis que j'ai l'âge de raison ; c'est assurément elle qui a été le stimulant le plus efficace pour faire de moi un travailleur laborieux.

Combien de fois ne me suis-je pas répété la décourageante devise du savant **Bernard de Palissy** :

Pauvreté empêche les bons esprits de parvenir.

Je suis parvenu tout de même, mais il est raisonnable de penser que bien peu d'ouvriers possèdent les chances d'arriver que j'ai eu le bonheur de rencontrer.

Une fois en dehors des besoins les plus pressants de la vie, je me suis aperçu bien vite qu'une révolution ou une grande guerre pouvait compromettre gravement ma position industrielle.

Cette dernière crainte m'a fait dire à mes contemporains que, sous le règne diviseur et isolateur de l'individualisme, il n'est personne dans notre pays qui puisse se vanter d'avoir son lendemain assuré.

*
* *

Un véritable travailleur ne peut pas être un homme politique, puisque les luttes politiques troublent la tranquillité publique, indispensable pour que les ouvriers laborieux soient exempts de chômages.

Je suis **conservateur** de ce que je possède, mais je crois être sans égoïsme social, puisque je demande que, par l'organisation du travail, les ouvriers puissent tous avoir **quelque chose à conserver** en travaillant.

La corporation moderne qui doit prendre le nom de **Famille du Travail,** assurera le lendemain des Travailleurs laborieux, par les cotisations et les coopérations, qui donneront des bénéfices

aux ouvriers, en augmentant du même coup
celui des patrons. Voici pourquoi.

Un ancien proverbe corporatif nous apprend :
**Qu'entre une bonne et une défectueuse admi-
nistration industrielle, il y a le bénéfice ou la
perte.**

Or, la coopération doit représenter l'administration la plus parfaite, puisque, par son fait,
le capital aura en réalité, devant chaque établi,
un travailleur qui aura intérêt à ce que rien ne
se gâche, enfin à ce que tous les travaux soient
bien exécutés et en temps utile.

Mais il faut que la liberté la plus complète
préside à la formation et au fonctionnement de
toutes les coopérations.

C'est-à-dire que, comme par le passé, le travailleur puisse changer de coopération, et le
capital changer les coopérateurs.

L'intérêt réciproque doit toujours et seulement motiver les coopérations dans le travail.

Le montant de l'intérêt à répartir étant fixé
à l'avance, le capital n'a aucun intérêt à ce que
ce soit un ouvrier plutôt qu'un autre qui en
jouisse.

Le capital n'a qu'un seul intérêt, c'est de
trouver dans ses coopérateurs les qualités que

l'on est en droit d'exiger, quand on prend un associé.

Il ne faut pas réfléchir bien longtemps pour apercevoir tous les éléments moralisateurs que contient la coopération libre.

En plus, il est urgent qu'une partie des bénéfices des coopérateurs soit employé à leur assurer leur lendemain contre les maladies, les chômages et la vieillesse, et l'autre partie à leur donner des vingtièmes d'actions de la fabrique dans laquelle ils coopéreront.

Par ce moyen, les ouvriers seront tous des conservateurs, en étant utiles à leur pays, car ils s'intéresseront de plus en plus aux bénéfices de l'entreprise ; en plus, le coopérateur devant devenir capitaliste à son tour, n'a plus aucun intérêt à atténuer ses droits futurs.

Je pense qu'il serait utile que le quart ou le cinquième au moins des actions d'une entreprise, fût destiné, dans des conditions à déterminer pour chaque industrie, à être acquis peu à peu par les coopérants du Capital-Travail.

Depuis l'époque où j'étais ouvrier à Paris, je me suis juré, pour les raisons détaillées plus haut, d'établir la coopération dans ma maison industrielle.

Parce que le travailleur véritablement riche

est celui qui se trouve, en travaillant, sans préoccupation pour son avenir et celui de sa famille.

C'est-à-dire que l'ouvrier aura des soins et des médicaments lorsqu'il sera malade, sera indemnisé en cas de chômage, enfin pourra compter sur une pension de retraite pour assurer le repos de ses vieux jours.

Tout cela ne peut pas s'acquérir en un jour, mais tout cela est possible par la coopération.

L'homme d'expérience aperçoit de suite les éléments de paix, d'ordre et de prospérité sociale, qui découlent de cette organisation si simple, si rationnelle, si utile au capital-travail en même temps qu'au capital-argent, et par-dessus tout si facile à établir.

Il ne faut que la connaître pour la désirer et l'aimer sincèrement.

*
* *

J'ai fait construire mon usine Richard-Lenoir dans le but d'établir une coopération modèle, qui sera utile aux intéressés à ma maison, de même qu'à nos ouvriers; en plus, elle sera utile à l'industrie en général, car elle démontrera que la coopération est non-seulement possible, mais encore fructueuse pour le capital et le travail, même dans les industries multiples et variées comme celles employées par ma maison.

Quinze corps d'états différents les uns des autres sont, en effet, occupés journellement dans nos fabriques.

En plus, j'ai fait inscrire, il y a deux ans, dans les statuts de ma Société, une part de bénéfices à accorder aux coopérateurs et collaborateurs.

Ces statuts, qui ont été longuement étudiés avec le concours d'un des premiers légistes commerciaux de Paris, considèrent le **capital-argent et le capital-travail** comme devant être intéressés mutuellement à la prospérité de l'entreprise à laquelle ils coopèrent.

Nos statuts accordent au travail, et à payer avant tout, les prix de façon des travaux résultant de tarifs établis ou à établir.

Les prix de façon sont considérés comme l'intérêt du capital-travail, puis l'intérêt du capital-argent est prélevé ; ceci fait, les frais généraux et les amortissements étant déduits, il reste les bénéfices nets.

C'est une part de ces bénéfices nets qui est prévue par les statuts, pour être accordée dans de certaines conditions de réciprocité aux employés et ouvriers de notre maison.

L'assemblée générale des actionnaires doit voter chaque année la part de bénéfices prévus, laquelle, bien entendu, varie d'importance, suivant la prospérité des affaires et suivant le degré d'ordre et d'économie apporté dans les affaires et le travail en général, par les directeurs et coopérateurs de la maison.

On aperçoit de suite l'immense solidarité qui découle d'une semblable organisation, sans rien enlever à la liberté individuelle de chacun ; bien au contraire, en la développant, car l'homme qui a conquis l'assurance de son bien-être, est le seul qui puisse se vanter d'être parfaitement libre.

Ces bénéfices sont accordés d'abord, aux hommes stables de la maison, qui nomment une commission permanente pour présenter chaque année les noms des ouvriers qui ont prouvé qu'ils possèdent les qualités que l'on a le droit d'exiger dans un associé.

Il est bien entendu que les bénéfices de la coopération augmentent peu à peu, jusqu'à ce qu'ils aient atteint la limite déterminée, laquelle doit se compléter lorsque le nombre des coopérants est égal à celui des ouvriers que la maison a le droit de croire pouvoir employer constamment.

Ces bénéfices ont pour but de détruire, au profit des coopérateurs et de leur famille, **ce fantôme de l'avenir, que l'on appelle le lendemain,** puis d'intéresser l'ouvrier à veiller avec sollicitude sur les intérêts de la maison, qui par le fait, deviendront les siens propres.

III

Le Fantôme du lendemain.

La profonde différence qui existe entre la race nègre et la race blanche, n'est pas la couleur de la peau, comme on pourrait le penser au premier examen.

Non, cette différence fondamentale qui fait du blanc le supérieur obligé du nègre, **c'est la prévoyance.**

Le nègre, en effet, est absolument et à peu d'exceptions près dépourvu de cette qualité, qui permet à l'homme d'accumuler les richesses que lui donne chaque année et à pleines mains la Nature, par le travail, et avec lesquelles il a formé, depuis que le monde est monde, toutes les fortunes publiques et privées.

La prévoyance, c'est le lendemain de l'homme et des nations, lendemain qui doit être assuré par la mutualité et la solidarité des intérêts, créés par le travail.

La prévoyance, c'est donc l'épargne, mais le travailleur ne peut pas épargner sans l'association; car l'épargne d'une journée de labeurs est si minime, que l'espérance de la voir devenir assez importante pour garantir une famille des éventualités de la vie est tellement éloignée, que cela ressemble pour ainsi dire à un mirage.

Tandis qu'avec la famille du travail, de faibles cotisations suffisent, avec le secours de l'assurance mutuelle, pour garantir le lendemain de l'ouvrier.

Ensuite, lorsque la coopération aura démontré par la pratique, qu'elle est aussi favorable à l'intérêt du capital qu'à celui du travail, elle unira le patron et l'ouvrier par des liens de fraternité d'autant plus indissolubles, qu'ils seront basés sur l'intérêt de chacune des parties, lesquelles pratiqueront librement, tous les jours et avec bonheur, le **Fais aux autres ce que tu voudrais qu'il te fût fait.**

*
* *

Le Fantôme du lendemain a donc été la terreur de toute ma vie.

Livré à moi-même fort jeune, avec l'état de sculpteur sur bois, que mes parents ont pu me donner, j'ai dû compléter moi-même et sur les petites économies de mon travail, mon éducation artistique ainsi que celle universitaire.

Déjà, à cette époque, je pensais constamment aux misères, aux maladies et aux chômages dont sont menacés les travailleurs, isolés les uns des autres, de par les lois modernes et au nom de la **liberté individuelle.**

Ma bonne conduite et les heureuses dispositions que j'avais pour la sculpture me firent accorder une subvention par le Conseil général de mon département, protégé en cela par des amis de ma famille.

Cette subvention me fut accordée pendant six années consécutives, elle me permit de me perfectionner par l'étude du dessin, de l'architecture et de la sculpture.

Aussi, quand j'eus réussi, grâce à ces études, à me créer une petite clientèle, et à pouvoir me passer de la subvention départementale, je me hâtai de remercier le Conseil général du Jura, car j'avais peur de priver, par la jouissance d'une subvention de laquelle je pouvais me passer désormais, un autre de nos compatriotes, dont les chances d'avenir auraient peut-être été fort atténuées par la privation de ce généreux secours.

Voici la délibération du Conseil général du Jura qui constate ce désistement :

PRÉFECTURE DU JURA

EXTRAIT DU REGISTRE DES DÉLIBÉRATIONS DU CONSEIL GÉNÉRAL DU JURA

Séance du 29 août 1851

Présents : MM. Monnier, président; Bergeret, Bonnemie, de Broissia, Chevassu, Chevillard, Delande, Gauthier, de Grimaldi, de Guelle, Jeannez, Jobez, Lemire, Mermet-Guyenet, Lucotte, Monnet, Morel, Pavans-de-Cécaty, Oudet, Picot-d'Aligny, Regnault, Renaud, Saillard, Spicrenaël, Valle, Vuillemenot, Vaudrit et Contesse, secrétaire.

BEAUX-ARTS. — ÉLÈVES A L'ÉCOLE.

Le Conseil vote comme encouragement :
Au jeune Ogier .... 500 francs.
Au jeune Lobrichon..... 500 francs.

Depuis trois ans, le Conseil, à chacune de ses sessions, a alloué au jeune Mazaroz une somme de 800 francs. La conduite de M. Mazaroz, les succès qu'il a obtenus lui donnaient cette année de nouveaux droits à la subvention ; mais ce jeune et intelligent artiste, avec une générosité et une distinction de sentiments qui l'honorent, déclare pouvoir se suffire à lui-même et demande que la subvention soit portée sur des compatriotes moins avancés que lui et dont les besoins seraient plus pressants.

Le Conseil exprime à M. Mazaroz toute la satisfaction que lui inspire une aussi noble conduite.

Signé au registre, Monnier, etc.

Pour ampliation :
Le Secrétaire général.

Par délégation :
Le Conseiller de Préfecture,
Victor MOREAU.

** * **

Il est certain que mon département m'a servi de **Famille du Travail**, car j'ai reçu de lui exactement ce que les corporations accordaient autrefois aux enfants peu aisés des maîtres ou compagnons, qui avaient des dispositions pour les arts libéraux.

Seulement les corporations exigeaient (ce que j'approuve fort) que les assistés rendissent aux Caisses de prévoyance ce qui leur avait été avancé, mais annuellement, et à l'époque où ceux-ci étaient à même de gagner largement leur existence ;

Tandis que mon département m'a donné cela complétement et sans obligation de retour.

Mais je ne me suis pas tenu pour quitte envers mes généreux compatriotes, pour lesquels j'ai toujours conservé une profonde reconnaissance ; car, en résumé, la subvention qu'ils m'ont accordée pendant six ans (1) m'a permis d'acquérir un savoir supérieur et suffisant pour créer l'établissement industriel que je dirige toujours et dans lequel j'ai fondé la fabrication du mobilier d'art pris dans la masse du bois.

Il me paraissait difficile de trouver ce qui pourrait être donné en cadeau de reconnaissance à un département ; j'ai cherché et je me suis arrêté au Musée de ma ville natale, qui n'était pas alors très-garni d'objets d'arts et de tableaux.

Je me décidai donc à profiter de mon industrie, qui me donne souvent l'occasion

----

(1) J'ai eu la subvention partielle pendant trois ans, et trois autres années la subvention complète.

d'acquérir à un bon marché relatif des objets d'art et tableaux de maîtres, pour garnir les murs et étagères du Musée de mon chef-lieu.

Voici l'extrait officiel du catalogue du Musée qui constate les dons que j'ai faits successivement à ce dépôt public;

MUSÉE DE LA VILLE DE LONS-LE-SAULNIER

ÉXTRAIT

du catalogue des dons faits au Musée, de 1840 à 1872, par M. P. MAZAROZ.

M. Paul Mazaroz, ancien élève lauréat de l'école des beaux-arts de Dijon, et ancien pensionnaire du département du Jura, actuellement fabricant de meubles d'art, à Paris, a fait don au Musée de Lons-le-Saulnier, sa ville natale, de tableaux, statues, bas-reliefs et objets d'art, dont la nomenclature qui suit est extraite des catalogues et inventaires du Musée.

Lons-le Saulnier, le 20 août 1872.

Le Conservateur du Musée,
A.-Z. ROBERT,
Correspondant de la Commission de la topographie des Gaules.

4

TABLEAUX ET DESSINS

Hercule et Omphale, par Diétrich.
Jupiter, une femme et deux enfants, idem.
Vue de la ville de Luxembourg, par Van der Meulen.
Vue de la ville de Dinant, par Van der Meulen.
Paysage flamand, par Both et Baudwens.
Paysage flamand, idem.
Apollon, dieu des beaux-arts, École française.
Portrait de Laplace, mathématicien, par Hensius.
Portrait de femme espagnole (xvi\u1d49 siècle), par Mirvel (Michel).
Un marchand d'animaux, par Ad. Van Visne.
Portrait de femme du temps de Louis XV, auteur inconnu.
Le martyre de saint Pierre, idem. (xv\u1d49 siècle.)
Portrait de Rigaud, peintre. Copie de l'École de Rigaud.
Portrait de Diétrich, peintre. Auteur inconnu.
L'annonce aux bergers, par Van der Weyden.
Judith et tête d'Olopherne. École italienne.
Fleurs, par J.-B. Monnoyer.
Fleurs, idem.
Moissonneuse portant une gerbe de blé, par Gustave Perret.

Tête d'enfant, par Mlle Ledax.

Buste de Vieillard, par Vincent.

Chasse dans une forêt; deux chiens au premier plan, par A. Besnus.

Etude d'arbres, par Pau de Saint-Martin.

Chat, gibier et fruits. Auteur inconnu.

Fleurs et fruits, par M. A. Cercuozzi.

Fleurs et fruits, idem.

Fleurs, par J.-B. Monnoyer.

Scène de cabaret, par D. Téniers.

Militaire et femme assis à table et buvant, par Charlet.

Une pensée évangélique : Qui donne aux pauvres prête à Dieu, par J. Naudin.

La captive ou Andromède et Persée, par Luc Giordano.

Psyché et l'Amour endormi, par Évariste Fragonard.

Chien, chat et gibier, par F. Desportes.

Fleurs et fruits ; au centre un verre à pied, par Gillimans.

Ballerine, par Moyse Valentin.

Portrait de femme vêtue en habits de marquis au xviiie siècle, par Philippe V.

Le maître d'école, par L.-A. Lenain.

La mort d'une femme. Ecole de David.

Intérieur d'appartement. École hollandaise.

Fête dans une carrière, par Debucour.
Chasseurs et une laitière, par Debar.
Les cyprès de la villc d'Este, par E. Lepoittevin.
Pêcheurs normands, par Aug. Delacroix.
Chevaux dans un paysage, par Bonner.
Ulysse et Pénélope, par L. Barbier.
Esquisse peinte, par Meynier.
La résurrection de Lazare. École française.
Le Sestertium ou les Fourches patibulaires de
  Rome, par Eugène Rivaud.
La Tentation de saint Antoine, par P. Leroy.
Adam et Eve dans le paradis terrestre, par A.
  Carrache.
Bacchanale du musée de Naples, grand tableau
  par Ribeira, provenant de la collection
  Jomart, de l'Institut d'Egypte.

STATUES, BUSTES, BAS-RELIEFS ET MÉDAILLONS.

Triomphe de Bacchus, par P. Mazaroz.
Diable aux ailes de chauve-souris, idem.
Console à l'ange, idem.
La nymphe de l'Ain, idem.
David après son triomphe, idem.
Tête d'Hercule. Auteur inconnu.
Chalier, conventionnel, par P. Mazaroz.

Cupidon, bronze florentin.

Syrène sur un dauphin formant une lampe, sur-
moulé sur l'antique.

Berger portant un chevreau sur ses épaules, idem.

Idole de l'Inde, à quatre bras, Chine.

Vespasien, empereur romain. Auteur inconnu
du xvii° siècle.

Othon, empereur romain, idem.

Trois bas-reliefs représentant des scènes de
guerre et de chasse. Grandes-Indes.

Quatre sujets de la chasse au sanglier, par P.
Mazaroz.

La comtesse Dubarry, dernière maîtresse de
Louis XV, statuette en marbre, par Pajou.

Deux coupes montées sur pied, en bronze
argenté.

Un grand plat rond, en étain, à ornements et
sujets allégoriques. Original de F. Briol.

Idole chinoise, en fonte, peinte et dorée. Chine.

OBJETS D'ART ET DE CURIOSITÉ.

Une paire d'étriers de cavalier mexicain.

Une paire d'étriers dorés de cavalier arabe.

Certifié conforme aux inventaires et catalogues du musée de la ville de Lons-le-Saulnier, le 20 août 1872.

Le Conservateur,

Z. ROBERT.

* *
*

Comme on le voit, mon éducation artistique m'a coûté bien des fois plus, que je ne l'aurais payée dans ma Famille du Travail, si nous avions été doté de ce bienfait social.

Mais, en dons comme en tout, l'on est entraîné, l'amour-propre s'en mêle; une fois commencé, j'ai voulu garnir complétement les murs du musée.

Je suis loin de me repentir des dons que j'ai faits, au contraire, j'en suis fort heureux, parce que j'ai pu le faire peu à peu et sans gêne; en plus, j'ai largement acquitté une dette sacrée de reconnaissance, ensuite notre musée ainsi garni est fort utile pour les études des jeunes gens de notre ville, qui ont pour la plupart des dispositions artistiques prononcées.

C'est donc la frayeur du lendemain qui est la cause indirecte de tous ces dons, c'est encore elle qui a fait de moi un travailleur acharné, qualité qui m'a puissamment aidé à réussir.

C'est aussi le Fantôme du lendemain qui m'a

mis depuis trente ans la plume d'économiste à la main.

Qui pourrait raisonnablement m'en vouloir, d'avoir passé mes veilles à étudier l'histoire de la question sociale, à avoir cherché dans les traditions de l'humanité les moyens de la résoudre par l'Organisation du Travail, afin d'épargner aux autres déshérités de mon pays, les souffrances morales que j'ai endurées en me répétant pendant dix ans :

Je gagne bien ma vie; mais si je tombais malade, ou si je venais à être estropié, trois mois après cet accident, je tomberais dans la plus profonde misère.

Comme on le voit, la prétendue liberté individuelle qui a isolé les hommes et a parqué chacun d'eux dans son intérêt privé,

C'est la liberté du désespoir.

V

UN DE MES ÉTATS DE SERVICE

L'Exposition universelle de 1867 m'avait paru devoir constituer non-seulement une grande manifestation industrielle et commerciale, mais encore un concours international qui devait donner à la France la palme du progrès dans le travail.

Aussi j'ai désiré coopérer dans la plus large mesure possible à l'installation de cette magnifique manifestation internationale.

Je me suis rendu en effet, entrepreneur général de quarante et une sections d'exposants, tant Français qu'étrangers; il y avait des sections de deux cents exposants.

Voyant l'activité que ma maison avait déployée, grâce à ses importants moyens d'action, la **Commission supérieure** jeta les yeux sur moi, dans un moment d'embarras.

Le grand vestibule d'honneur de l'Exposition de 1867 séparait, dans le rayon entier du bâtiment, la section française de celle anglaise.

Jusqu'au mois de février, on avait espéré un accord avec la commission britannique pour décorer en commun cette voie séparative.

Mais voyant que le grand vestibule d'honneur était le seul lieu convenable pour pouvoir faire l'ouverture solennelle, la Commission française prit enfin le parti d'en faire exécuter la décoration.

A cet effet, elle me dépêcha, le 8 février 1867, un des chefs de service de l'installation générale.

Ce fonctionnaire vint me dire, que la commission supérieure comptait sur moi pour exécuter les portiques et décorations du vestibule d'honneur, afin qu'il fût achevé le 31 mars suivant pour l'ouverture.

180 mètres courants de portiques à colonnades peintes et décorées, de 16 mètres de hauteur, à exécuter et poser dans six semaines, c'était un travail à peu près impossible à accomplir. Je l'entrepris néanmoins, pressé par la Commission supérieure de l'Exposition.

Je suis arrivé à temps, en employant toutes les ressources possibles et en faisant travailler les nuits.

Cet important travail, exécuté à grands frais,

fut très-onéreux à ma maison, qui perdit une somme énorme sur cette entreprise; mais, en revanche, je suis arrivé à la terminer le 31 mars 1867, c'est-à-dire la veille de l'ouverture.

Grâce au vestibule d'honneur, l'Exposition a pu être ouverte au jour fixé, devant les représentants des puissances étrangères, arrivées exprès de toutes les capitales.

Aucune autre partie de l'exposition de 1867 n'était achevée le 1ᵉʳ avril.

Je ne pensais plus aux fatigues, aux inquiétudes et aux pertes de cette grande opération lorsque, le 10 avril 1871, la Commission supérieure des expositions universelles me décerna la récompense suivante, que je considère comme le certificat le plus complet, qui puisse être accordé à un travailleur laborieux.

EXPOSITION UNIVERSELLE
de 1867
A PARIS

COMMISSION SUPÉRIEURE

Paris, Champ de Mars, pavillon du commissariat général, le 10 août 1871.

MONSIEUR,

« Le 4 août courant, j'ai proposé au ministre du commerce, au Comité des finances et à la haute Commission, de vous accorder une gratification de 10,000 francs réclamée en votre faveur par les chefs de l'installation.

» J'ai reproduit à cette occasion les motifs de ces chefs touchant les services exceptionnels et personnels que vous avez rendus à l'œuvre internationale de 1867 dans les circonstances difficiles de l'installation.

» J'ai signalé les efforts que vous avez dû faire pour la décoration du grand vestibule, dont l'achèvement était si essentiel au succès de la cérémonie d'ouverture. J'ai insisté également sur les autres preuves de talent et d'énergie que vous avez données dans vos rapports avec la Commission supérieure et avec les exposants.

» Ces motifs ont été agréés unanimement. J'ai d'ailleurs été autorisé par la haute Commission et par le ministre à vous transmettre, par cette lettre, le témoignage de leur satisfaction.

» Je suis particulièrement heureux d'être chargé de cette mission, et de vous renouveler, Monsieur, l'assurance de ma considération distinguée.

» Le Commissaire général.
» F. Le Play. »

M. Mazaroz-Ribalier,
fabricant de meubles d'art, à Paris.

Résumé.

Aujourd'hui même, où je suis arrivé à une certaine aisance et à posséder une position honorable dans l'industrie, à force de travail et de conduite, **ai-je mon lendemain plus assuré ?**

Je réponds hardiment, **non !**

Mon lendemain n'est pas assuré, pas plus que celui de tous les gens qui possèdent et qui s'intitulent ingénument des **conservateurs,** sans songer à établir une base sociale qui soit **conservatrice** de leurs positions, acquises par le travail ou l'héritage.

En effet, une invasion ou une révolution, fruits amers et constants du règne de l'individualisme, peuvent ruiner les plus belles positions et les fortunes qui paraissent le mieux établies.

Il s'ensuit que, en l'absence d'une solide **organisation du travail et des intérêts,** qui formera un tissu social impossible à rompre par les révolutions, les gens soi-disant riches n'ont pas plus leur lendemain assuré que les travailleurs.

Seulement, leur sort est infiniment plus doux, parce que la faim, le froid, enfin les besoins cuisants, sont plus loin d'eux que du malheureux ouvrier, qui les ressent immédiatement à la suite d'un chômage ou d'une maladie.

Il est certain que les ouvriers **voteront pour des conservateurs quand ils auront l'assurance de leur bien-être à conserver.**

En voilà la preuve.

Un exemple décisif.

Deux cents ouvriers se réunissent pour nommer le bureau de leur société de secours mutuels. Quatre-vingt-dix-neuf fois sur cent, ils nommeront les plus honnêtes, les plus intelligents, les plus rangés d'entre eux.

L'ouvrier vote ainsi parce qu'il s'agit de **conserver** ce qu'il possède.

Mais que ces mêmes ouvriers soient appelés à nommer un des leurs député à l'Assemblée nationale, soyez sûrs qu'ils éliront le plus violent, le plus révolutionnaire de tous, ou celui qui leur aura été présenté comme tel.

L'ouvrier agit ainsi, parce qu'il ne se soucie nullement d'aider à la **conservation** du bien des autres, dans lequel il n'a aucune part.

Je vais plus loin et je dis : si les conservateurs étaient à la place des ouvriers, ils agiraient exactement de même.

C'est naturel et logique.

Paris, 24 février 1876.

IMPRIMERIE CENTRALE DES CHEMINS DE FER. — A. CHAIX ET C
RUE BERGÈRE, 20, A PARIS. — 3410-0.